॥ संस्कृतं रोचते मह्यम् ॥

कथालेखनम् विद्या रामनाथन्

चित्रणम् "आशा"

प्रकाशनम् विद्यारण्यम्

|| saṁskr̥taṁ rōcatē mahyam ||

Author – Vidya Ramanathan Illustration – "Asha" Publisher – Vidyaranyam

|| Saṁskr̥taṁ delights me ||

Author – Vidya Ramanathan Illustration – "Asha" Publisher – Vidyaranyam

idānīṁ grīṣmakālaḥ | ataḥ virāmakālaḥ | bālakēbhyaḥ saṁskṛtaśibiraṁ pracalati | adya prathamaṁ dinam asti | śibirasya laghutamaḥ bālaḥ īśaḥ | tasya vayaḥ pañca | saḥ kiṁ vā paṭhiṣyati | paśyāmaḥ |

a
aṁ
aḥ

It is summertime. Vacation time! A children's Samskrita camp is in progress. Day 1. The youngest boy in the group is five year old Isha. Is he going to be able to learn anything? Let us find out.

इदानीं ग्रीष्मकालः । अतः विरामकालः । बालकेभ्यः संस्कृतशिबिरं प्रचलति ।

अ
अं
अः

अद्य प्रथमं दिनम् अस्ति । शिबिरस्य लघुतमः बालः ईशः । तस्य वयः पञ्च । सः किं वा पठिष्यति । पश्यामः ।

idānīṁ sāyaṅkālaḥ | īśaḥ vāhanēna ambayā saha gṛhaṁ gacchati |

īśaḥ ambāṁ vadati - amba! tatra paśya ! sūryaḥ ākāśē asti | tvaṁ jānāsi kim?

tasya dvādaśa nāmāni santi | sūryanamaskārasamayē vayaṁ tāni vadāmaḥ | iti |

ā

āṁ

āḥ

योगः

पतञ्जलिः

पातञ्जलयोगसूत्राणि

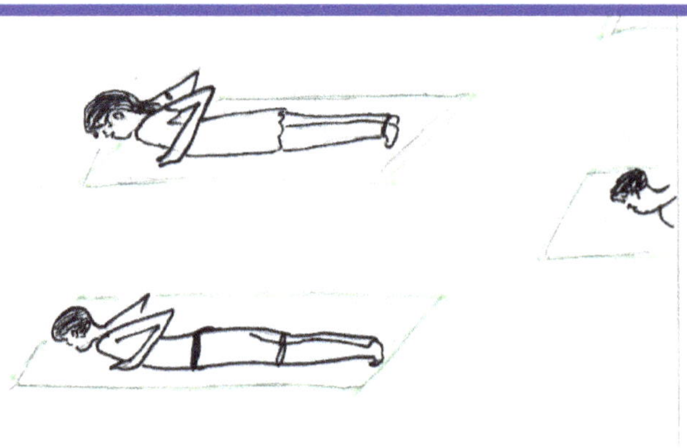

It is evening now. Isha is going home with his mother. Isha says "Mother! Look there! The Sun is up in the sky. Do you know that he has 12 names. We recite them while doing Suryanamaskaara."

इदानीं सायङ्कालः । ईशः वाहनेन अम्बया सह गृहं गच्छति ।

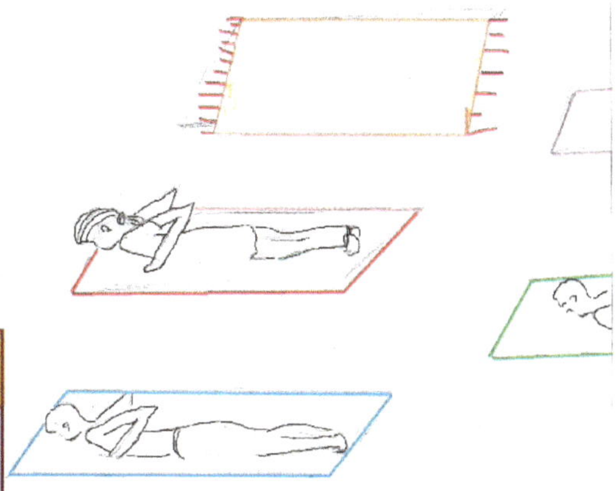

आ

आं

आः

ईशः अम्बां वदति - अम्ब! तत्र पश्य ! सूर्यः आकाशे अस्ति । त्वं जानासि किम्? तस्य द्वादश नामानि सन्ति । सूर्यनमस्कारसमये वयं तानि वदामः । इति ।

ambā vadati - ēvaṁ vā? śvaḥ prātaḥ namaskāraṁ kuru | ahaṁ draṣṭum icchāmi | nāmāni vada | ahaṁ śrōtum api icchāmi | iti

īśasya śiraḥkampanam ām iti sūcayati | punaḥ pr̥cchati - amba! mama kati nāmāni santi ? iti |

i

iṁ

iḥ

मित्रः = रविः = सूर्यः = भानुः =

खगः = पूषा = हिरण्यगर्भः = मरीचिः =

आदित्यः = सविता = अर्कः = भास्करः

श्रीसवितृसूर्यनारायणः

Mother says "Is that so? You please demonstrate it to me tomorrow. I would like to see it, and hear the names."

Isha nods his head in consent. Then asks "Mother, how many names do I have?"

अम्बा वदति - एवं वा? श्वः प्रातः नमस्कारं कुरु। अहं द्रष्टुम् इच्छामि। नामानि वद। अहं श्रोतुम् अपि इच्छामि। इति।

इ

इं

इः

ईशस्य शिर:कम्पनम् आम् इति सूचयति। पुनः पृच्छति - अम्ब! मम कति नामानि सन्ति ? इति।

ambā vadati - "īśa! saumya! tava dvē nāmanī staḥ | ēkaṁ tu īśaḥ | sarvē tat jānanti | anyat tu śivasubrahmaṇyaḥ | tat nāma tava prapitāmahasya api | tat nāma kēvalaṁ vayaṁ parivārajanāḥ jānīmaḥ | bhagavān api jānāti |"

ī
īṁ
īḥ

ई श् अः   ईशः

श् इ व् अ

स् उ ब् र् अ ह् म् अ ण् य् अः

शि व सु ब् र ह् म ण् यः

शिवसुब्रह्मण्यः

Mother says "Dear Isha, you have two names. One is Isha, that everybody knows. The other is Shivasubrahmanya. It is also your great grandfather's name. Only those in our family know it. And of-course, bhagavaan knows."

अम्बा वदति - ईश! सौम्य! तव द्वे नामनी स्तः। एकं तु ईशः। सर्वे तत् जानन्ति। अन्यत् तु शिवसुब्रह्मण्यः। तत् नाम तव प्रपितामहस्य अपि।

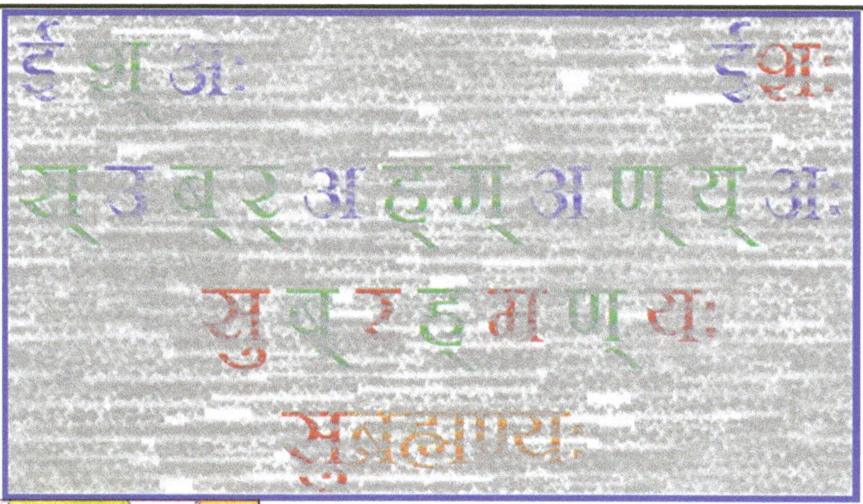

तत् नाम केवलं वयं परिवारजनाः जानीमः। भगवान् अपि जानाति।

इति।

īśaḥ kiñcit cintayati | anantaraṁ pṛcchati - amba! tarhi bhagavān api parivārajanaḥ kila? iti |

ambā smayatē | vadati ca - ām! bhagavān api parivārajanaḥ ēva | iti |

u

uṁ

uḥ

After some thought, Isha asks "Mother, bhagavaan then is part of the family. Isn't that correct?"

Mother smiles to herself and says "Yes, bhagavaan is certainly a member of the family."

ईशः किञ्चित् चिन्तयति । अनन्तरं पृच्छति - अम्ब!

तर्हि भगवान् अपि परिवारजनः किल? इति ।

उ उं उः

अम्बा स्मयते ।   वदति च –

आम् !   भगवान् अपि परिवारजनः एव । इति ।

rātrau nidrāpūrvam īśaḥ vadati - amba! kathā mahyaṁ rōcatē | śrāvaya | iti |

ambā sūryasya kathām ēkāṁ śrāvayati | kathā tu rāmāyaṇasya ēkā kathā | yuddhasamayaḥ | śrīrāmaḥ sūryaṁ prārthayati | punaḥ yuddhaṁ karōti | vijayaṁ prāpnōti | iti |

īśaḥ śṛṇōti | sūryaṁ smarati | nidrāṁ karōti |

ū

ūṁ

ūḥ

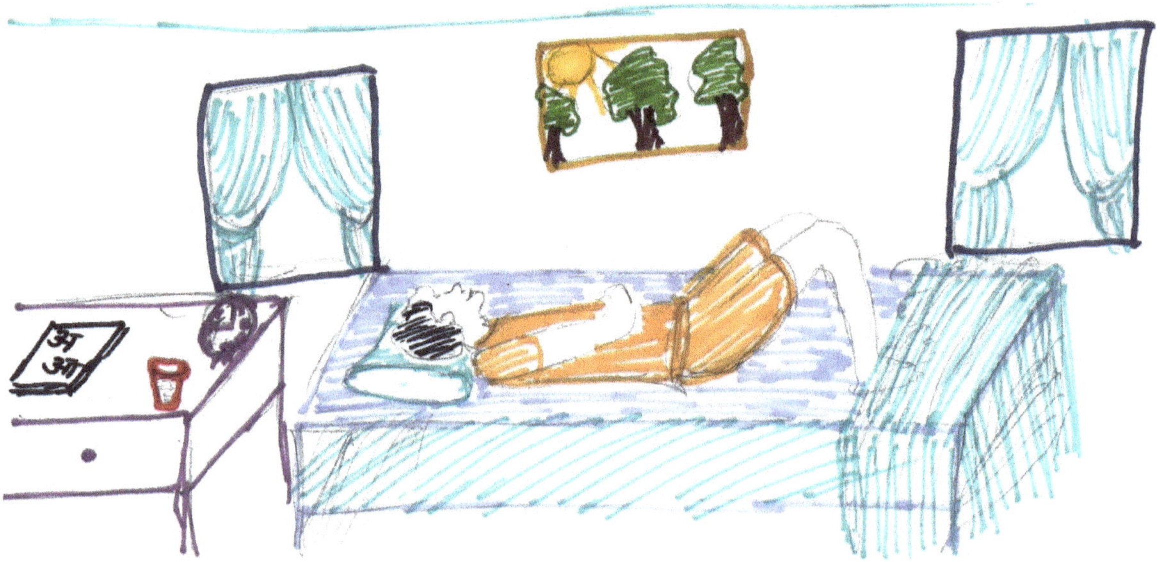

At bedtime, Isha asks his mother for a story, "Mother, I love listening to stories. Please tell me a story."

Mother relates a story from the Ramayana about how the Sun helped win a war. With the Sun in his mind, Isha falls asleep.

रात्रौ निद्रापूर्वम् ईशः अम्बां वदति - अम्ब! कथा मह्यं रोचते। एकां श्रावय। इति।

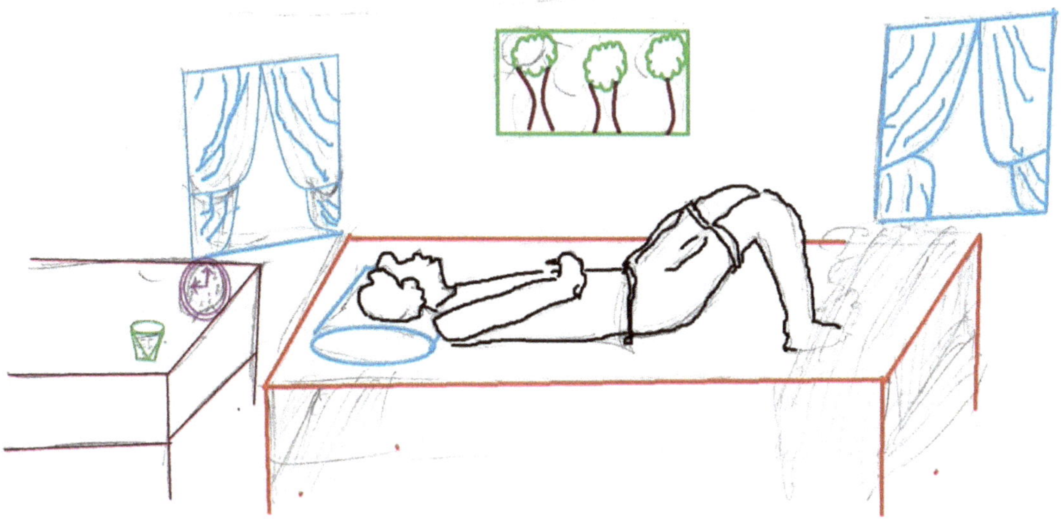

अम्बा सूर्यस्य कथाम् एकां श्रावयति। कथा तु रामायणस्य एका कथा। युद्धसमयः। श्रीरामः सूर्यं प्रार्थयति। पुनः युद्धं करोति। विजयं प्राप्नोति। इति।

ईशः शृणोति। सूर्यं स्मरति। निद्रां करोति।

adya śibirasya dvitīyaṁ dinam | punaḥ sāyaṅkālaḥ | gṛhaṁ pratigamanasamayaḥ |

īśaḥ ambāṁ vadati - amba! adya kirīṭasya garvaḥ iti ēkā kathā śrutā | ēṣā kathā api rāmāyaṇasya kathā ēva | tvaṁ kathāṁ jānāsi kim? iti |

ṛ

ṛṁ

ṛḥ

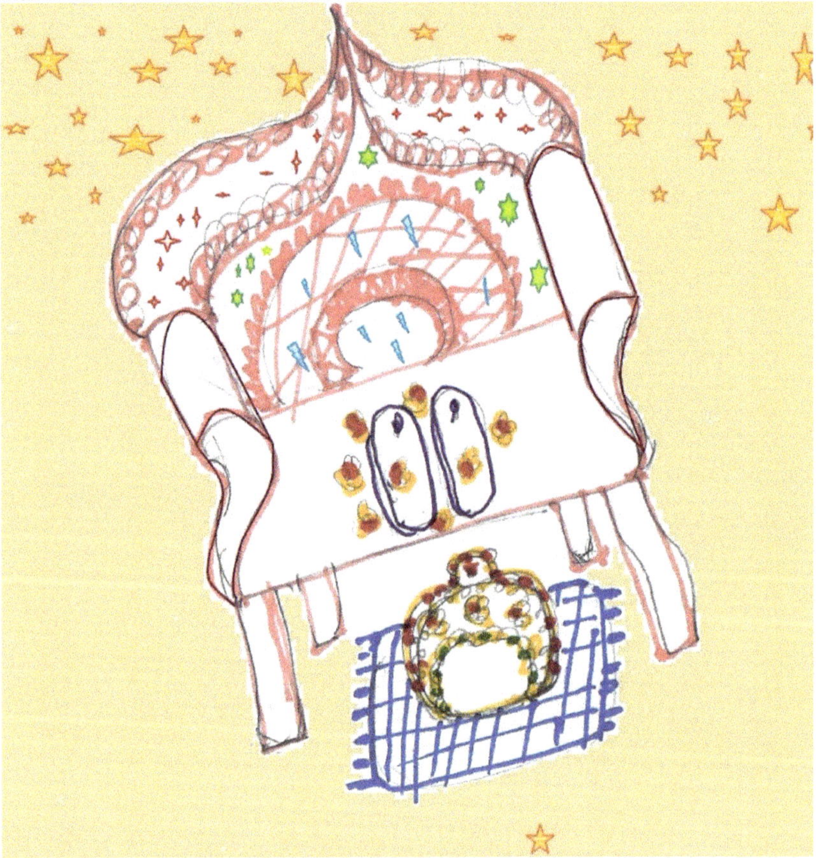

Day 2 of camp. It is evening. Once again, heading home...

Isha updates his mother "Mother, today, we heard a story about the pride of a crown from Ramayana. Do you know that story?"

अद्य शिबिरस्य द्वितीयं दिनम्। पुनः सायङ्कालः। गृहं प्रतिगमनसमयः।

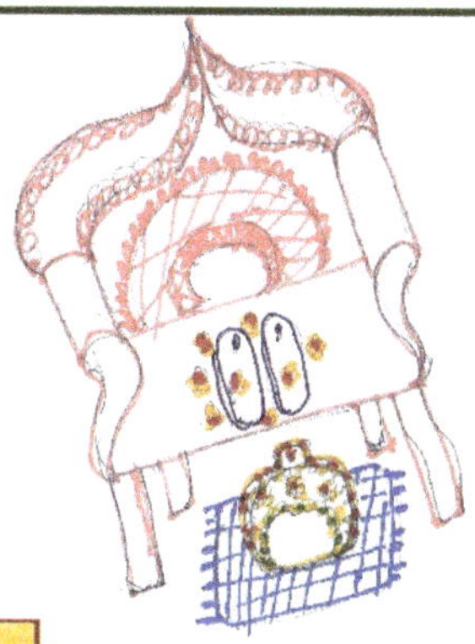

ऋ

ऋं

ऋः

ईशः अम्बां वदति - अम्ब! अद्य किरीटस्य गर्वः इति एका कथा श्रुता। एषा कथा अपि रामायणस्य कथा एव। त्वं कथां जानासि किम्? इति।

ambā vadati - ēvaṁ vā? ahaṁ na jānāmi | tvam ēva vada | iti |

īśaḥ kathāṁ śrāvayati | ambā śr̥ṇōti |

rātrau nidrāpūrvam īśaḥ vadati - amba! rāmāyaṇakathā mahyaṁ rōcatē | iti |

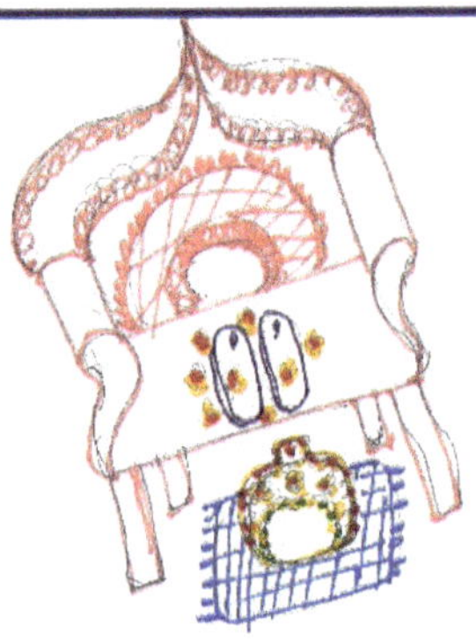

r̥̄

r̥̄ṁ

r̥̄ḥ

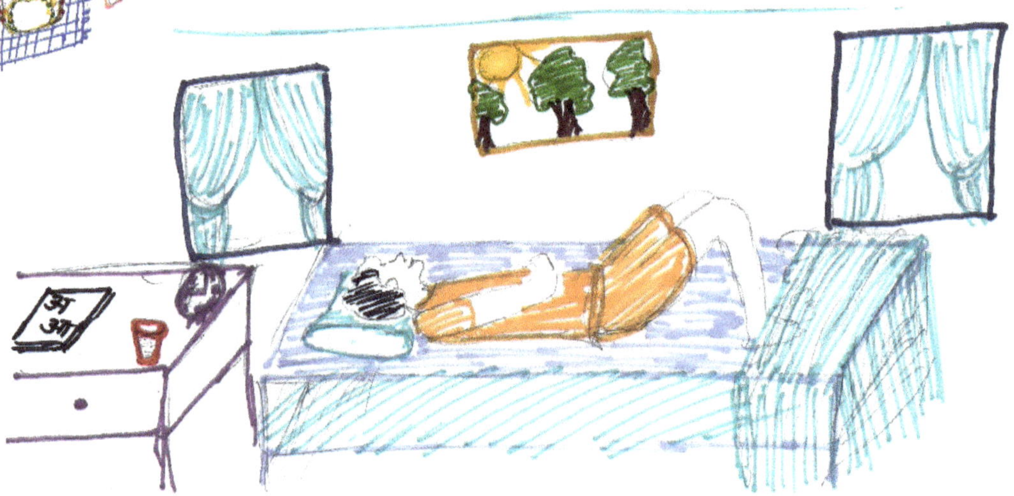

Isha's mother says "Is that so? No! I do not know that story. You please tell me!" And, as Isha tells the story, his mother listens.

That night, before falling asleep, Isha tells his mother "I love the stories in Ramayana."

अम्बा वदति - एवं वा? अहं न जानामि। त्वम् एव वद। इति।

ईशः कथां श्रावयति। अम्बा शृणोति।

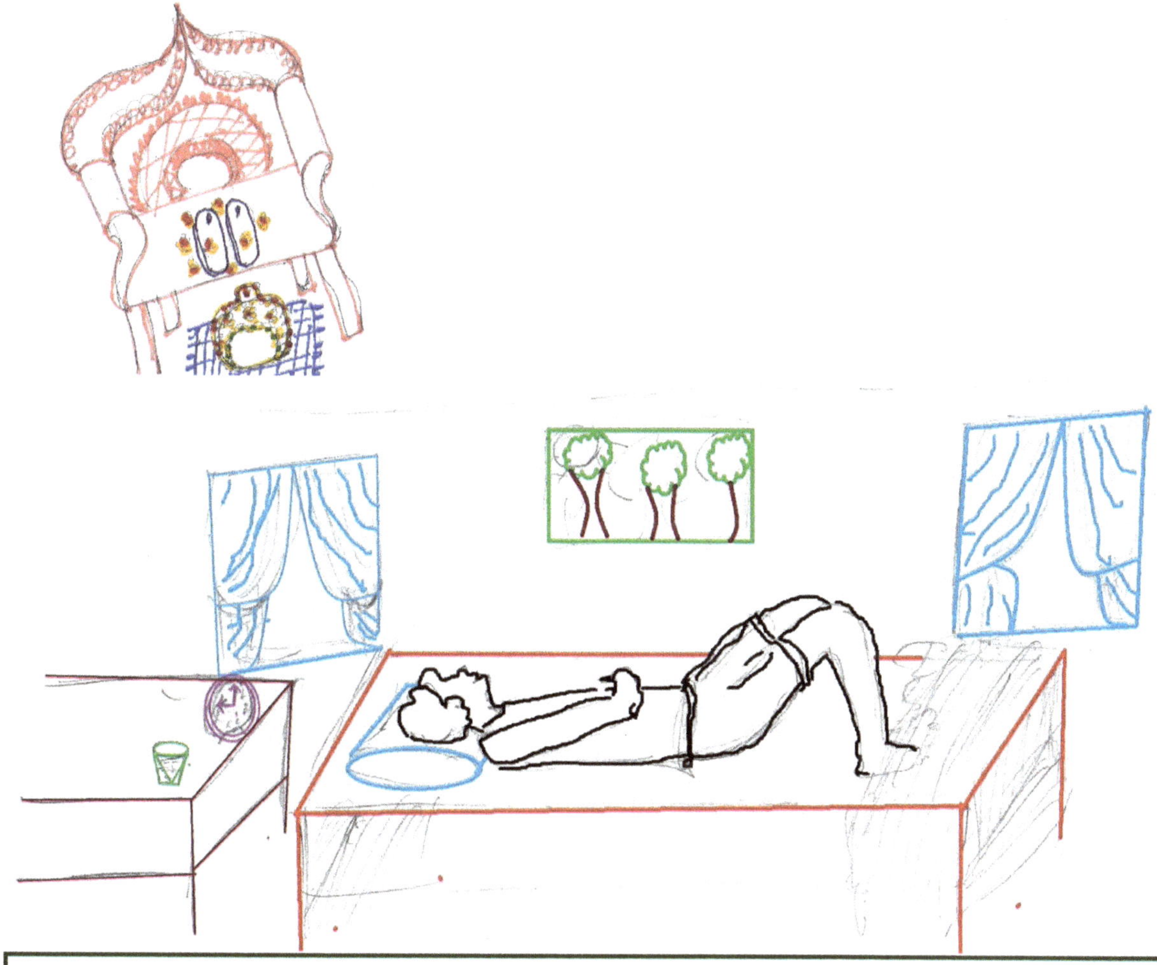

ॠ

ॠं

ॠः

रात्रौ निद्रापूर्वम् ईशः अम्बां वदति - अम्ब! रामायणकथा मह्यं रोचते।

इति।

adya śibirasya antimaṁ dinam | sāyaṅkālaḥ | punaḥ gṛhaṁ pratigamanasamayaḥ | īśaḥ śibirasya pramāṇapatraṁ hastē gṛhṇāti | ambāṁ vadati - amba! tvaṁ pāṇiniṁ jānāsi kim? iti |

ḷ

ḷṁ

ḷḥ

Last day of camp. Evening time. On the road back home…

Isha is clutching the participation certificate given at the camp. He asks his mother "Do you know of Panini?"

अद्य शिबिरस्य अन्तिमं दिनम्। सायङ्कालः। पुनः गृहं प्रतिगमनसमयः।

ऌ

ऌं

ऌः

ईशः शिबिरस्य प्रमाणपत्रं हस्ते गृह्णाति। अम्बां वदति –

अम्ब! त्वं पाणिनिं जानासि किम्? इति।

ambā vadati - kiñcit jānāmi | tvaṁ vada | iti |

īśaḥ vadati - pāṇiniḥ suprasiddhaḥ vaiyākaraṇaḥ | iti |

ambā vadati - ēvaṁ kim? iti |

ē

ēṁ

ēḥ

शिवः माहेश्वरसूत्राणि

व्याकरणम्

अष्टाध्यायी पाणिनिः

His mother says "I know a little bit. You please tell me."

Isha says "Panini was a very famous grammarian – grammar person."

अम्बा वदति - किञ्चित् जानामि। त्वं वद। इति।

शिवः माहेश्वरसूत्राणि

व्याकरणम्

अष्टाध्यायी पाणिनिः

ए

एं

एः

ईशः वदति - पाणिनिः सुप्रसिद्धः वैयाकरणः। इति।

अम्बा वदति - एवं किम्? इति।

īśaḥ vadati - ām, pūrvaṁ tasya jñānam adhikaṁ na | saḥ śivasya dhyānaṁ karōti sma | tadā śivaḥ pratyakṣaḥ jātaḥ | pāṇinayē kimapi rahasyaṁ vadati sma | anantarakālē saḥ ēva pāṇiniḥ mahān vaiyākaraṇaḥ abhavat | iti |

ai

aiṁ

aiḥ

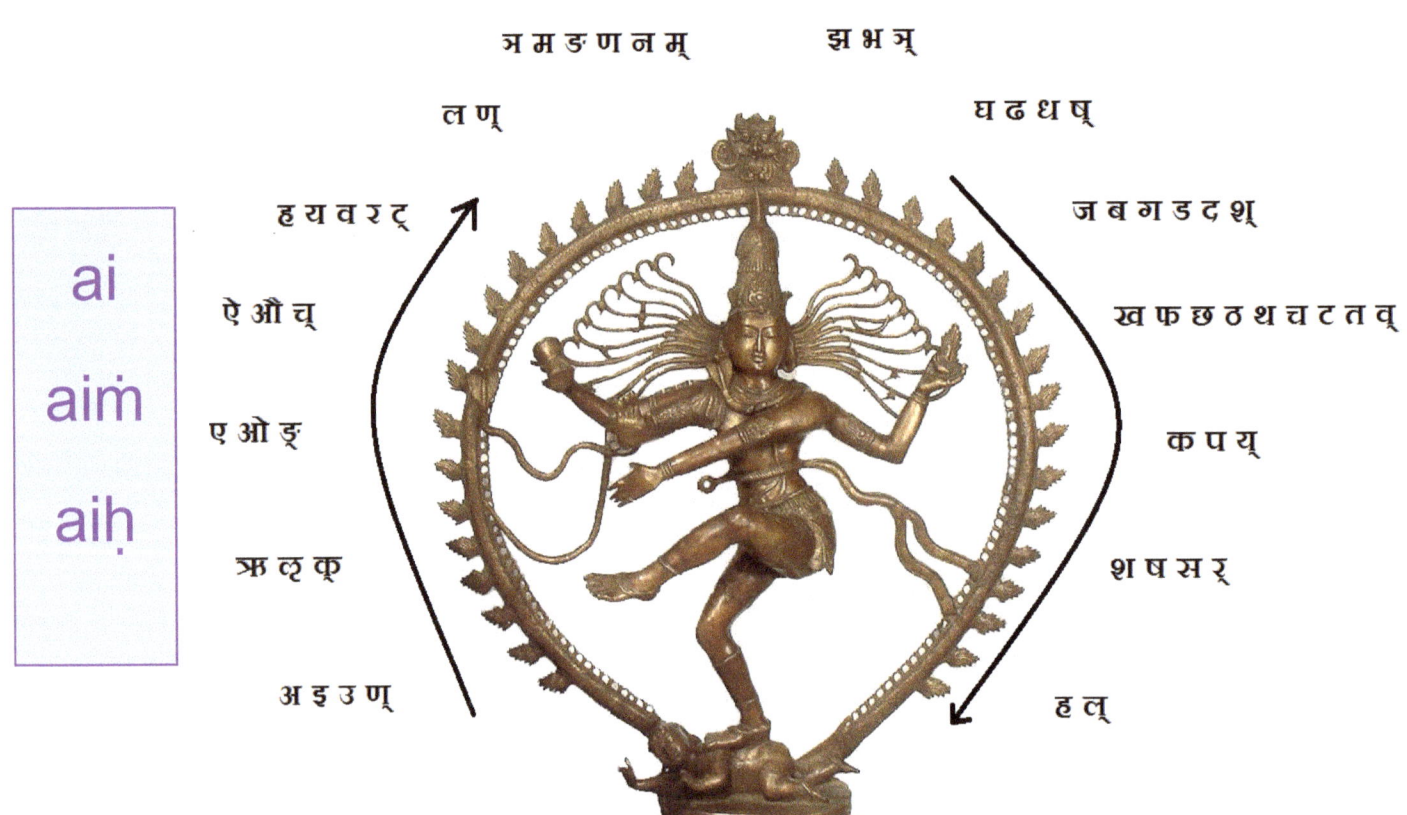

Earlier, he was not very smart. He prayed to Shiva. Shiva appeared before him. Told him some secret. And this Panini became great later.

ईशः वदति - आम्, पूर्वं तस्य ज्ञानम् अधिकं न। सः शिवस्य ध्यानं करोति स्म। तदा शिवः प्रत्यक्षः जातः। पाणिनये किमपि रहस्यं वदति स्म। अनन्तरकाले सः एव पाणिनिः महान् वैयाकरणः अभवत्। इति।

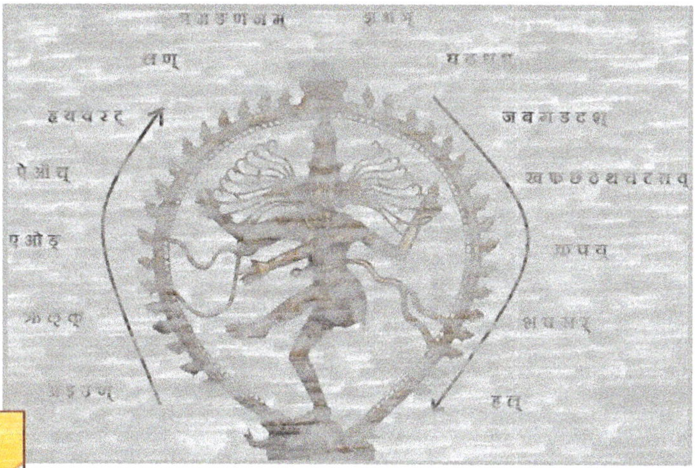

ऐ

ऐं

ऐः

अम्बा वदति - एवं किम्? साधु। इति।

idānīṁ rātrau nidrāsamayaḥ | īśaḥ bahu śrāntaḥ | saḥ ambāṁ vadati - amba gītaṁ mahyaṁ rōcatē | adya gītaṁ gāya | iti |

ambā ēkaṁ saṁskr̥tagītaṁ gāyati |

suptaprāyaḥ īśaḥ ambāṁ vadati - amba! saṁskr̥taṁ rōcatē mahyam |

ō

ōṁ

ōḥ

It is now bedtime. Isha is very tired. He requests his mother to sing him a song. "I love songs. Please sing."

His mother sings a Samskrita song. An almost asleep Isha tells his mother "Mother, I love Samskritam!"

इदानीं रात्रौ निद्रासमयः। ईशः बहु श्रान्तः। सः अम्बां वदति - अम्ब गीतं मह्यं रोचते। अद्य गीतं गाय। इति।

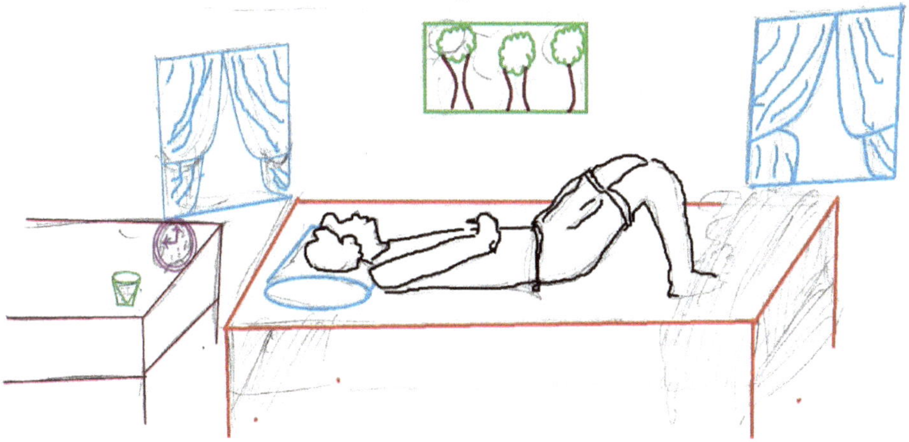

ओ

ओं

ओः

अम्बा एकं संस्कृतगीतं गायति। सुप्तप्रायः ईशः अम्बां वदति – अम्ब! संस्कृतं रोचते मह्यम्। इति।

ambā suptaṁ īśaṁ paśyati |

pañca vayaskaḥ bālakaḥ | saṁskr̥tasya paricayaḥ prāptaḥ | saṁskr̥tē abhiruciḥ āgatā | caturṣu dinēṣu ēvaṁ prabhāvaḥ | vēdaśāstrasāhityādhyayanēna kō vā prabhāvaḥ syāt | iti cintayati | manasā saṁskr̥tamātaraṁ namati |

au

auṁ

auḥ

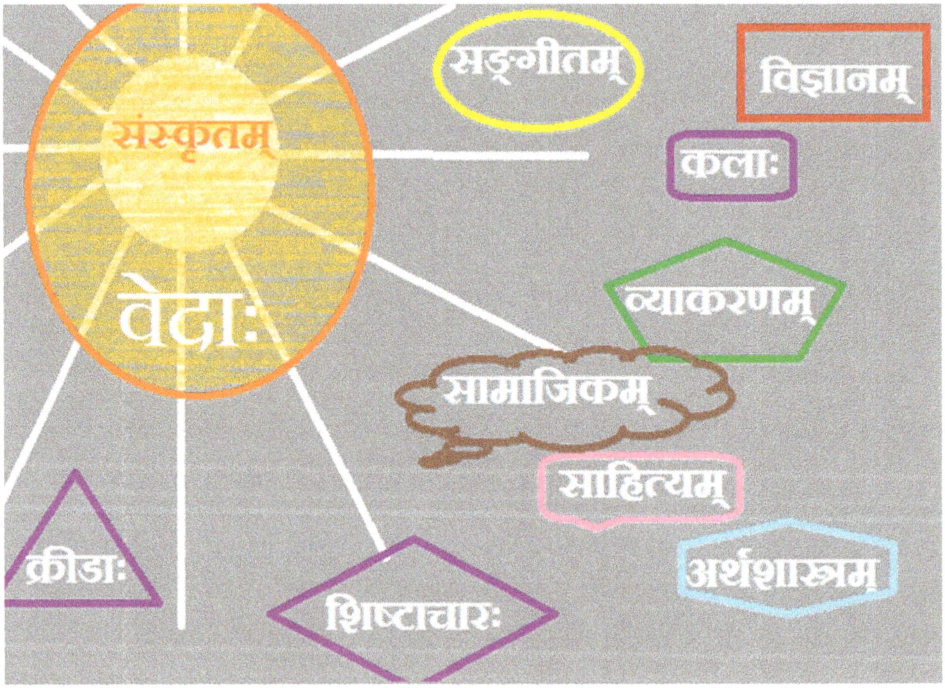

Mother looks at the sleeping Isha. "A five year old boy! Now introduced to Samskritam! Has developed a liking for it! If four days could have such an influence, I can only imagine the influence of studying the Vedas, the shastraas and the vast Samskrita literature!" Mentally she bows down to the Divine Samskrita Mother.

अम्बा सुप्तं ईशं पश्यति । पञ्च वयस्कः बालकः ।

संस्कृतस्य परिचयः प्राप्तः । संस्कृते अभिरुचिः आगता ।

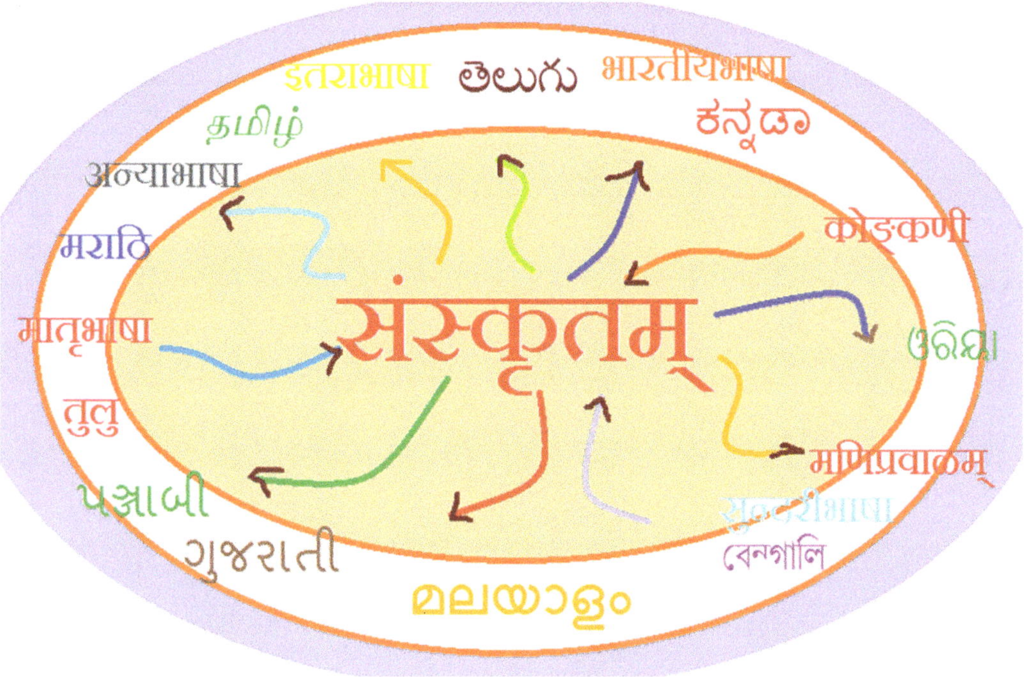

औ

औं

औः

चतुर्षु दिनेषु एवं प्रभावः । वेदशास्त्रसाहित्याध्ययनेन को वा प्रभावः स्यात् इति चिन्तयति । मनसा संस्कृतमातरं नमति ।

॥ संस्कृतं रोचते मह्यम् ॥

पदसङ्ग्रहः - padasaṅgrahaḥ -

Vocabulary

ग्रीष्मकालः	grīṣmakālaḥ	Summer	विरामकालः	virāmakālaḥ	Vacation
शिबिरम्	Śibiram	Camp	सायङ्कालः	sāyaṅkālaḥ	Evening
अम्बा	Ambā	Mother	सूर्यः	sūryaḥ	Sun
आकाशः	ākāśaḥ	Sky	प्रातः	prātaḥ	Morning
नाम	Nāma	Name	परिवारः	parivāraḥ	Family
निद्रा	Nidrā	Sleep	रात्रिः	rātriḥ	Night
कथा	Kathā	Story	किरीटम्	kirīṭam	Crown
प्रमाणपत्रम्	pramāṇapatram	Certificate	व्याकरणम्	vyākaraṇam	Grammar
वैयाकरणः	vaiyākaraṇaḥ	Grammarian	श्रान्तः	śrāntaḥ	Tired
गीतम्	Gītam	Song	दिनम्	dinam	Day
गच्छति	gacchati	Goes	पश्यति	paśyati	Sees
करोति	Karōti	Does	इच्छति	icchati	Likes
शृणोति	śṛṇōti	Hears	पृच्छति	pṛcchati	Asks
वदति	Vadati	Speaks	जानाति	jānāti	Knows
रोचते	Rōcatē	Appeals	कम्पते	kampatē	Shakes

www.ingramcontent.com/pod-product-compliance
Lightning Source LLC
Chambersburg PA
CBHW061822290426
44110CB00027B/2951
9780692717035